English-Spanish
Inglés-Español

For Ages 4–7
De 4 a 7 años

Voices Are Not for Yelling
La voz no es para gritar

Elizabeth Verdick

Ilustrado por Marieka Heinlen
Traducido por Edgar Rojas

free spirit PUBLISHING®

Library of Congress Cataloging-in-Publication Data
Names: Verdick, Elizabeth. | Heinlen, Marieka, illustrator.
Title: Voices are not for yelling = La voz no es para gritar / Elizabeth Verdick ; illustrated by Marieka Heinlen.
Other titles: Voices are not for yelling (Ages 4–7) | Voz no es para gritar
Description: Minneapolis, MN : Free Spirit Publishing, 2017. | Series: The best behavior series | In English and Spanish. | Audience: Ages 4–7. | Description based on print version record and CIP data provided by publisher; resource not viewed.
Identifiers: LCCN 2017010316 (print) | LCCN 2017009490 (ebook) | ISBN 9781631981920 (Web PDF) | ISBN 9781631981937 (ePub) | ISBN 9781631981913 (pbk.) | ISBN 1631981919 (pbk.)
Subjects: LCSH: Voice—Juvenile literature. | Child psychology—Juvenile literature.
Classification: LCC QP306 (print) | LCC QP306 .V47 2017b (ebook) | DDC 612.7/8—dc23
LC record available at https://lccn.loc.gov/2017010316

Cover and interior design by Marieka Heinlen
Translation edited by Dora O'Malley

Printed by: 590835
Printed in: China

Free Spirit Publishing.
An imprint of Teacher Created Materials
9850 51st Avenue North, Suite 100
Minneapolis, MN 55442
(612) 338-2068
help4kids@freespirit.com
freespirit.com

FSC
www.fsc.org
MIX
Paper from responsible sources
FSC® C155903

To teachers everywhere,
who make such a big difference
in the lives of little ones.
—E.V.

To my family:
Patrick, Levi, and Nora.
—M.H.

Para los maestros en todas partes
quienes tienen una gran influencia en
la vida de los niños.
—E.V.

Para mi familia:
Patrick, Levi y Nora.
—M.H.

What do you use
your voice for?

¿Para qué utilizas
tu voz?

Talking

Para hablar

"Hi!"

"¡Hola!"

Asking questions

Para hacer preguntas

"How are you?"

"¿Como estas?"

Telling jokes

Para decir bromas

Laughing

Para reír

"Ha, ha!"

"¡Ja, ja!"

Singing, la, la, la!

Para cantar, ¡la, la, la!

You sing high or low, loud or soft, to fit the feeling of the music.

Tu cantas en voz alta o en voz baja, duro o pasito para acoplarte al ritmo de la música.

Your voice is a powerful tool.
How you use it is up to you.

Tu voz es muy poderosa.
La manera de usarla depende de ti.

You have an indoor voice that's quiet.

Tienes un tono de voz bajo para hablar adentro.

You have an outdoor voice that's LOUD!

¡Tienes un tono de voz ALTO para hablar afuera!

Where do you use your indoor voice?

¿Dónde hablas con el tono de voz que utilizas adentro?

At school, as you work and learn, or at the library, or when a baby is asleep.

En la escuela, cuando haces las tareas y aprendes, en la biblioteca, o cuando un bebé está dormido.

Sometimes, you use your indoor voice in the car or on the bus,

Algunas veces hablas en el automóvil o en el bus con el tono de voz que utilizas adentro,

in waiting rooms,

en las salas de espera,

or at the movies.

o en los cines.

How does someone ask you to be quiet?

¿Cómo es que alguien te pide que hagas silencio?

zip it, lock it

cierra la boca

finger to lips whispering “Shhh”

colocando un dedo en los labios susurrando “shhh”

peace sign fingers

haciendo la señal de paz con los dedos

slow countdown (5, 4, 3, 2, 1)

contando lentamente en forma regresiva (5, 4, 3, 2, 1)

"Shhh"

"Shhh"

Where do you use your outdoor voice?

That's easy . . . **OUTSIDE!**

¿Dónde hablas con el tono de voz alto?

Eso es fácil . . . **¡AFUERA!**

A loud voice matches your feelings.

Un tono de voz alto indica lo que sientes.

You have lots of different feelings. What happens if you're mad or frustrated or really, really excited?

Tu sientes muchas emociones diferentes. ¿Qué pasa si te sientes enojado, frustrado o muy, muy emocionado?

Your voice gets louder and

LOUDER!

Comienzas a hablar más fuerte, ¡mucho más

FUERTE!

But look around you . . .

Pero mira a tu alrededor . . .

Are you using your outdoor voice inside?

Because you want to be HEARD?

¿Estás usando tu tono de voz alto
para hablar adentro?

¿Porque quieres
que te ESCUCHEN?

Voices are not for yelling.

La voz no es para gritar.

Yelling hurts people's ears and feelings.

Gritar lastima los oídos y los sentimientos de las personas.

Use an indoor voice so people hear the words and not the yelling.

Habla con un tono de voz bajo para que las personas escuchen las palabras y no los gritos.

This is how you can quiet your voice:

Take deep breaths in, and then slowly blow them out. In and out, out and in, until your body calms down.

Esta es la manera como puedes calmar tu voz:

respira profundamente hacia adentro y luego lentamente hacia afuera. De adentro hacia afuera, de afuera hacia adentro, hasta que te calmes.

Now it's time to use your words.

Ahora es el momento de utilizar tus palabras.

"I didn't mean to.
I'm sorry."

"No quise estropearlo.
Lo siento".

"That's okay. I can build a new one. Will you help me?"

"Está bien. Puedo construir uno nuevo. ¿Me puedes ayudar?"

Remember, "Voices are not for yelling."

Recuerda, "la voz no es para gritar".

Think before you yell . . . and use your words well!

Piensa antes de gritar . . . y ¡utiliza bien tus palabras para hablar!

Tips and Activities for Parents and Caregivers

Using indoor voice versus outdoor voice is a skill all children need to learn. Here are some ways to introduce, practice, and reinforce this skill.

Indoor/Outdoor Voice

Demonstrate an outdoor (loud), indoor (normal), quiet (low), and whisper voice. Ask children to try along with you. Give them frequent opportunities to practice during the day.

Silly vs. Serious

Teach children the differences between "silly time" and "serious time." During silly time, let them be loud with their voices and bodies. Show them how to act during serious time, when they need to be quiet and calm.

Quiet-Time Gestures

Young children can learn the signs that show it's quiet time, such as finger to lips, a countdown from five, and so on. Demonstrate your favorites and use them consistently.

Sound Signals

Use sound signals to show children that it is time to quiet down:

"Shhh": When you're shushing children, use a calm, quiet "Shhh."

Clapping: Try a sequence you can repeat, such as two loud claps followed by three rapid ones. Continue until children settle down.

Attention-getters: Purchase an item that makes a special sound that children learn to associate with quieting down, such as a bell or rain stick. Or flick the lights off and on.

Ever-quieter voice: Lower your own voice, getting quieter and quieter until kids have to listen very closely to hear you.

Balanced Classroom

- Get kids outside, no matter the weather. Outdoor time is important for physical, emotional, and social development.
- Play quiet classical music when children are restless.
- Have a rest time built into each day.
- During group activities, encourage children to raise their hands and take turns talking or use a "talking stick" that is passed from person to person.
- Each day, notice when children model appropriate behavior and then reward them with something special, like additional free time.
- Sometimes children yell to express strong feelings. You can help by identifying the emotions and showing that you understand. If the yelling persists, you might try: "I'm having trouble hearing you when you yell like that. Please quiet your voice so I can hear you better."
- Practice the "quiet your voice" skill from pages 26–27.

A Word on Yelling

Experts now know that the use of harsh verbal discipline (yelling, swearing, insults) during childhood can have lasting consequences, such as anxiety and depression in later years. Even if parents also provide affection, the affection does *not* balance out the verbal attacks. There are more effective ways to discipline and guide children.

Children who are frequently yelled at tend to:

- Tune out or ignore the person who's yelling
- Yell or become more aggressive themselves
- Have difficulty managing their feelings and behavior

Parenting isn't easy, and we all lose our cool at times. In the heat of the moment, we may erupt, but that doesn't mean we can't stop, calm down, and apologize.

If you want to provide a more positive atmosphere at home, try some of these ideas:

Post the house rules. Make the rules clear and simple. Phrase them positively (what you expect kids to do) instead of negatively (what they can't do).

State the consequences and offer warnings. Make sure the consequences are age appropriate and have a clear relationship to what occurred. If trouble is brewing, give a warning: "If you grab your friend's toy, then we will end playtime early." Follow through.

Use positive reinforcement. Notice when your child is doing *well*, and then offer plenty of praise. Say: "Wow, you're doing a great job of using your indoor voice!" Children thrive on this kind of positive attention.

Use a firm voice, not a loud one. Instead of yelling, firmly and calmly tell your child what went wrong and what will happen next.

Get down at their level. Kneel or sit so you can communicate with children face to face.

Put yourself in their shoes. Do you get upset, frustrated, or mad when someone yells at you? You probably want to ignore and get away from that person. Children go through all these emotions when they get yelled at, but they also feel fear. To ensure that your child feels safe, avoid yelling to express your feelings or to make your child do as you wish.

Stay calm. Your children learn by watching you. Model healthy ways to handle frustration and anger. Let them see you take deep breaths, use a firm voice, excuse yourself from the room to cool off, and express yourself calmly.

When Yelling Is the Right Thing to Do

There are times when children need to tell others "no." Make sure children are aware of "good touch," "bad touch," and "stranger danger."

Children who practice saying "no" in a loud, strong, clear voice are more likely to stand up for themselves. Practice a loud "no" at home until your child feels comfortable with this. Role-play how to stand up for yourself or get away from someone who is dangerous.

Note: If you suspect that a child is being abused, contact your local Social Services Department, Child Welfare Department, Police Department, or District Attorney's Office. If you teach in a school setting, consult first with your school principal or director to learn the established course of action.

What Children Can Do If There Is Fighting/Yelling at Home

- **Go to a safe place when fighting or screaming starts.**
- **In that safe place, draw, read, or play quietly.**
- **If you don't feel safe, use a phone to call 911. Tell the person your name and address and say that there is fighting in your home.**
- **Find a grown-up you trust, such as a relative, a teacher, a caregiver, or a religious leader, and talk to that person about the fighting. You might say, "There is a lot of yelling and fighting at my home. I'm scared. Can you please help me?"**

What Adults Can Do If There Is Verbal Abuse/Fighting at Home

- **Call 911.**
- **Call a local shelter or a domestic abuse hotline.**
- **Talk with someone who can help: a doctor, a family counselor, a social worker, a therapist, or a religious leader. Low-cost or free services are often available. Keep looking until you find a person or an organization to help you.**
- **Stay with friends or relatives while you're getting the help you need.**

Consejos y actividades para los padres y para quienes cuidan a los niños

Los niños necesitan aprender sobre la diferencia entre hablar con un tono de voz alto comparado con un tono de voz bajo. A continuación encontrará algunas maneras para introducir, practicar y reforzar esta habilidad.

Voz de tono alto o bajo

Demuestre un tono de voz para hablar afuera (alto), para hablar adentro (normal) y un tono de voz para susurrar. Pida a los niños que repitan con usted. Ofrézcales oportunidades para que practiquen con frecuencia a lo largo del día.

Bromas vs. Serio

Enseñe a los niños la diferencia entre los "momentos para bromear" y los "momentos para estar serios". Durante los momentos para bromear déjelos ser bulliciosos tanto con sus voces como con sus cuerpos. Muestre cómo actuar durante los momentos serios cuando necesitan hablar con un tono de voz bajo y calmo.

Gestos para indicar los momentos de calma

Los niños pueden aprender las señales que les indican cual es el momento para estar calmados, como colocando un dedo en los labios, contando en forma regresiva desde 5 y otras por el estilo. Demuéstreles sus señales preferidas y utilícelas constantemente.

Señales auditivas

Utilice señales auditivas para mostrar a los niños cual es el momento de calmarse.

"Shhh": cuando calla a los niños con esta acción, utilice un "shhh" calmado y con tono bajo.

Aplaudiendo: intente una secuencia que pueda repetir, como dos aplausos fuertes seguidos por tres rápidos. Continúe con la acción hasta que los niños se calmen.

Llame la atención: compre un objeto que haga un sonido especial y que al usarlo los niños lo asocien con la acción de tranquilizarse, como una campana o un 'palo de lluvia'. También puede prender y apagar las luces.

Bajar cada vez más la voz: baje poco a poco su propia voz hasta que los niños tengan que estar muy cerca de usted para que lo escuchen.

Salón de clases balanceado

- Lleve los niños afuera sin importar el clima que esté haciendo. Las actividades al aire libre son importantes para el desarrollo físico, emocional y social.
- Toque música clásica cuando los niños estén inquietos.
- Cada día dedique un tiempo para descansar.
- Durante las actividades en grupo, enséñeles a levantar la mano para hablar por turnos o utilice el 'palo que habla' que se pasa de un niño al otro.
- Cada día tenga en cuenta cuando los niños presentan un comportamiento adecuado y recompénselos con algo especial como más tiempo para jugar.
- Hay veces cuando los niños gritan para expresar fuertes sentimientos. Puede ayudarlos identificando esas emociones y mostrándoles que usted los entiende. Si los gritos persisten, puede decir: "Tengo dificultad para escucharte cuando gritas de esa manera. Por favor, habla con un tono de voz calmado para poder escucharte mejor".
- Ponga en práctica el consejo de "cómo calmar tu voz" que aparece en las páginas 26–27.

Comentario sobre los gritos

Los expertos han concluido que implementar una disciplina verbal severa (gritar, decir obscenidades e insultos) durante el período de crecimiento de los niños puede ocasionar consecuencias a largo plazo como la ansiedad y la depresión más adelante en la vida. Aún si los padres también muestran afecto, esta acción *no* compensa los abusos verbales. Existen maneras más efectivas para disciplinar y guiar a los niños.

Los niños que están expuestos a gritos frecuentes tienden a:

- Se desconectan o ignoran a la persona que está gritando
- Gritan o se tornan más agresivos
- Tienen dificultad para lidiar con sus sentimientos y comportamiento

Ser un padre de familia no es nada fácil y a veces todos perdemos el control. En el momento de acaloramiento quizás explotamos, pero eso no significa que no podemos parar, respirar profundamente y disculparnos.

Si desea crear un ambiente más positivo en el hogar, intente poner en práctica algunas de estas ideas:

Establezca las reglas en el hogar. Establezca claras y simples reglas. Descríbalas de manera positiva (lo que espera que los niños hagan) en lugar de hacerlo negativamente (lo que ellos no pueden hacer).

Exponga las consecuencias. Asegúrese de que las consecuencias estén de acuerdo a la edad y tengan una relación directa con lo que ocurrió. Si está a punto de presentarse un problema, de una advertencia: "Si le quitas el juguete a tu amigo, entonces vamos a dejar de jugar temprano hoy". Cumpla con la advertencia.

Utilice un refuerzo positivo. Ponga atención cuando el niño se comporta *bien* y felicítelo con animación. Diga: "¡Qué bien, estás utilizando tu tono de voz bajo para hablar adentro!". Los niños responden muy bien a esta clase de atención positiva.

Hable con una voz firme pero no en tono alto. En lugar de levantar la voz, dígale en un tono firme lo malo que hizo y lo que va a suceder a continuación.

Agáchese a la altura del niño. Arrodíllese o siéntese para poder comunicarse cara a cara con los niños.

Póngase en el lugar de los niños. ¿Usted se enoja, irrita, frustra o altera cuando alguien le grita? Quizás

Nota: si sospecha que un niño esta siendo abusado o maltratado, contacte su departamento local de servicios sociales, el departamento para el bienestar del niño, el departamento de policía o la oficina del fiscal del distrito. Si usted enseña en una escuela, consulte primero con el director de la escuela para tomar la acción correspondiente.

¿Qué puede hacer un niño si hay peleas o gritos en casa?

- **Ir a un lugar seguro cuando comiencen los gritos o las peleas.**
- **Cuando esté en ese lugar seguro, puede pintar, leer o jugar calmadamente.**
- **Si no se siente seguro, puede utilizar un teléfono para llamar al 911. Le puede decir a esa persona su nombre y su dirección y decir que hay una pelea en la casa.**
- **Puede buscar a una persona adulta en quien pueda confiar, como un familiar, una maestra o maestro, la persona quien lo cuida o un líder religioso y hable sobre la pelea. Puede decir: "Hay mucha gritería y pelea en mi casa. Tengo miedo. Por favor, ¿me podría ayudar?".**

¿Qué pueden hacer los adultos si hay abuso verbal o peleas en casa?

- **Llamar al 911.**
- **Llamar a un albergue o a un número telefónico donde ayuden con el abuso doméstico.**
- **Hablar con alguien que pueda ayudarlo: un doctor, un consejero familiar, un trabajador social, un terapista o un líder religioso. Es posible encontrar servicios gratis o a bajo costo. Siga buscando hasta encontrar a la persona o a la organización que pueda ayudarlo.**
- **Alojarse con sus amigos o familiares mientras está recibiendo la ayuda que necesita.**

quiera ignorar y alejarse de esa persona. Los niños experimentan las mismas emociones cuando se les grita y además sienten miedo. Para asegurar que el niño se siente protegido, evite gritar para expresar sus sentimientos o para obligarlo a seguir sus órdenes.

Permanezca calmado. Los niños aprenden al observarlo a usted. Muéstreles las maneras saludables y positivas de cómo lidiar con las frustraciones y rabias. Permítales que lo observen cuando usted respira profundamente para calmarse, habla con voz firme, se retira del salón para calmarse y se expresa con compostura.

Cuando es correcto gritar

Hay momentos cuando los niños necesitan decir "no". Asegúrese de que ellos entienden lo que significa "buen toque", "mal toque" y el "peligro con extraños".

Los niños que practican decir "no" en voz alta, clara y fuerte tienen más posibilidades de defenderse a sí mismos. Practique decir "no" con fuerza en la casa hasta que el niño se sienta cómodo con esa acción. Haga una representación de cómo defenderse a sí mismo o apartarse de alguien peligroso.

About the Author and Illustrator
Acerca de la autora y la ilustradora

Elizabeth Verdick is the author of more than 40 highly acclaimed books for children and teenagers, including other books in the Best Behavior series for young children, the Happy Healthy Baby and Toddler Tools board book series, and the Laugh & Learn series for preteens. Elizabeth lives with her husband, daughter, son, and a houseful of pets near St. Paul, Minnesota.

Elizabeth Verdick es autora de más de 40 libros para niños y adolescentes, incluyendo otros libros de la colección *Best Behavior* para niños pequeños, la serie de libros de cartón, *Happy Healthy Baby* y *Toddler Tools* y la serie para pre-adolescentes *Laugh & Learn*. Elizabeth vive con su esposo, su hija, su hijo y varias mascotas en una casa cerca de St. Paul, Minnesota.

Marieka Heinlen launched her career as a children's book illustrator with the award-winning *Hands Are Not for Hitting*. As a freelance illustrator and designer, Marieka focuses her work on books and other materials for children, teens, parents, and teachers. She lives in St. Paul, Minnesota, with her husband, son, and daughter.

Marieka Heinlen lanzó su carrera como ilustradora de libros para niños con el libro premiado *Las manos no son para pegar*. Marieka enfoca su trabajo de ilustradora y diseñadora en libros y otros materiales para niños, adolescentes, padres y maestros. Vive en St. Paul, Minnesota, con su esposo, su hijo y su hija.

freespirit.com 800.735.7323

Volume discounts/Descuentos por volumen: edsales@freespirit.com
Speakers bureau/Oficina de hablantes: speakers@freespirit.com